AF341045

Janvier 1629.

EDICT DV ROY

PORTANT CREATION

de trois Offices de Receueurs &
Payeurs des gages des Tresoriers de
France, en chacun des Bureaux des
Finances de Thoulouze & Beziers; Et
d'vn Greffier & Maistre Clerc trien-
nal esdits Bureaux.

*Verifié en la Chambre des Comptes le dernier
Decembre 1629.*

A PARIS,

Par ANTOINE ESTIENE, P. METTAYER
& C. PREVOST, Imprimeurs
ordinaires du Roy.

M. DC. XXX.

Auec Priuilege de sa Maiesté.

LOVIS par la grace de Dieu Roy de France & de Nauarre, A tous pre-sens & à venir , Salut. La necessité des defpenfes furuenuës és années precedentes en ce Royau-me pour diuerfes caufes de tres gran-de importance, nous ayant obligé à la creation de plufieurs Offices, tant és bureaux de nos finances des Gene-ralitez de Thoulouze, & Montpel-lier de prefent transferé à Beziers, qu'en toutes les villes & receptes des Tailles particulieres defdites Genera-litez, & ces creatiós venuës à tel nom-bre d'Offices, & les gages & droicts des Officiers, à telle fomme qu'à pre-fent lefdits Receueurs Generaux de nos finances fe trouuent dauantage occupez pour le payement des gages

A ij

& droicts defdits Officiers & autres
charges de leurs receptes , mefmes
par cefte occupation font fi diftraits
du foin qu'ils doiuent auoir du re-
couurement de nofdits deniers qui
eft la principale fonctiõ de leurs Offices, que fouuent ils ne font voitu-
rez en noftre Efpargne que quatre &
cinq mois apres les quartiers expi-
rez: A quoy defirant pouruoir, Sça-
uoir faifons qu'apres auoir mis cét
affaire en deliberation en noftre
Confeil, où eftoient la Royne noftre
tres-honorée Dame & Mere , noftre
tres-cher Frere vnique le Duc d'Or-
leans , Officiers de noftre Couronne,
& autres grands & notables perfon-
nages de noftre Confeil , Nous de
leur aduis,& de noftre certaine fcien-
-ce , pleine puiffance & authorité
royale , AVONS par ce prefent
Edict perpetuel & irreuocable, creé

& erigé, creons & erigeons en chef
& tiltre d'Office formé és Bureaux
de nos Finances establis en chacune
desdites Generalitez de Thoulouze
& Beziers, trois de nos Conseillers
Receueurs & Payeurs des gages & augmentations, droicts de buche, de
presence, d'espices & autres droicts
de nos amez & feaux Conseillers les
Presidens Tresoriers de France &
Generaux de nos Finances esdits
Bureaux desdites Generalitez de
Thoulouze & Beziers, Intendans des
Gabelles de Languedoc, ensemble
des gages des Greffiers, Concierges&
Huissiers desdits Bureaux : ausquels
Offices presentement créez, sera par
nous dés maintenant pourueu de
personnes capables, & cy-apres lors
que vacatió y escherra, par mort, for-
faitture & resignation ; lesquels exer-
ceront lesdits Offices de trois années

A iij

vne, & succeſſiuement l'vne apres l'autre, & jouïront de meſmes exemptions, droiét de franc-ſalé, priuileges & immunitez, que nos Officiers deſdits Bureaux des Finances, encores qu'ils ne ſoient cy par le menu ſpecifiez ; au corps deſquels nous les auons vnis & incorporez, vniſſons & incorporons, & à ceſte fin auront entrée eſdits Bureaux en l'année de leur dit exercice : A chacun deſquels Offices nous auons attribué pour gages la ſomme de deux mil liures pour chacun, & outre ſix deniers tournois pour liure de taxation en l'année d'exercice, de ce que montera la recepte actuelle qu'ils feront deſdits gages & augmentations, droiéts de buche, de preſence, d'eſpices & autres droiéts : Le fonds deſquels gages & taxations de ſix deniers pour liure, façon & reddition de

compte defdits Receueurs & Payeurs
fera employé en vn feul article fous
le nom des Receueurs & Payeurs au
chapitre des charges de chacune recepte de nos Finances & Gabelles
defdites Generalitez de Thoulouze
& Beziers. Le fonds defquels gages &
de fix deniers de taxations & de ceux
des Officiers defdits Bureaux referué
pour les Controlleurs Generaux de
nos Finances & Gabelles, qui feront
payez comme il eft accouftumé, fera
mis & deliuré de quartier en quartier, & fix fepmaines apres chacun
d'iceux efcheu, par les Receueurs Generaux de nofdites Finances & Gabelles, és mains defdits Receueurs
& Payeurs, en vertu de leurs fim-
ples quittances controllées defdits
Controlleurs Generaux ; que nous
voulons feruir de décharge valable
aufdits Receueurs Generaux de nos

Finances & Gabelles à la reddition
de leurs eftats & comptes. Permettons aux pourueus defdits nouueaux
Offices, de jouïr du benefice de la
difpenfe des quarante iours ainfi que
nos autres Officiers de ce Royaume,
fans neantmoins qu'ils foient tenus
payer aucune auance ny preft pour
le temps qui refte à expirer des neuf
années portées par nos Lettres de
Declaration du vingt-deuxiéme iour
de Feurier 1621. Et dautant que le
maniement que feront lefdits Receueurs & Payeurs de nos deniers,
eft de fomme modique & payable
fur le lieu de leur eftabliffement de
quartier en quartier; Nous les auons
difpenfez & déchargez de bailler
caution pour raifon de leurdit maniement, tant & fi longuement que
le benefice de ladite difpenfe des
quarante iours aura lieu. Et s'il ad-
uient

tient que ceux qui leueront lesdits
Offices, soient en exercice d'autres
charges qu'on pourroit estimer in-
compatibles, ne laisseront d'estre ad-
mis & receus ausdits Offices de Receueurs & Payeurs, & ne seront
neantmoins contraints à resigner
ny se demettre de l'vn desdits Offices
sinon lors que bon leur semblera : &
leur permettons de commettre à
l'exercice desdits Receueurs &
Payeurs, de personnes capables dont
ils seront responsables, qui ne jouïront d'aucun desdits priuileges ny
immunitez : & seront iceux Receueurs & Payeurs receus, & compte-
ront de leurs administrations en la
Chambre des Comptes de Paris,
apres toutefois auoir verifié estat
par deuant les Presidés & Tresoriers
de France, de Thoulouze & Beziers,
Intendans des Gabelles de Langue-

B

doc, encore que l'establissement &
fonction de leurs charges soit dans
le ressort de nostre Chambre des
Comptes de Montpellier ; de la-
quelle pour certaines considera-
tions nous les auons distraits & sepa-
rez, distraisons & separons par nostre
present Edict. Comme aussi ayant
par nostre Edict du mois d'Auril mil
six cens vingt-huict, creé & erigé en
tiltre d'Office formé hereditaire, vn
Greffier triennal en chacun Bureau
des Presidens Tresoriers de France,
du ressort de nos Chambres des
Comptes de Paris, Roüen & Dijon,
nous auons par le mesme present
Edict, creé & erigé , creons & erigeons en tiltre d'Office formé & hereditaire, vn Greffier triennal en chacun Bureau des Presidens & Tresoriers de France & Generaux des
Finances desdites Generalitez de

Thoulouze & Beziers, & vn Maiſtre
Clerc à chacun Greffier triennal y
joinct, afin que d'oreſnauant il y ayt
en chacune deſdites Generalitez
trois Greffiers & trois Maiſtres
Clercs, & faire l'exercice deſdits Offices de trois années l'vne. Et pour re-
gler leur exercice, leſdits Offices de
Greffier & Maiſtre Clerc triennaux
preſentement creez, feront la fonction l'année prochaine que l'on
comptera 1630. & apres ledit exercice
ſera ſuiuy & continué par leſdits
trois Greffiers & Clercs comme dit
eſt : leſquels Offices preſentement
creez, nous auons vnis & incorporez au corps deſdits Bureaux, pour
jouïr par les pourueus & acqutreurs
chacun en l'année de leur dit exercice, tant pour les expeditions des
ordonnances & ſignatures des man-
demens de noſdits Preſidens Treſo-

B ij

siers de France & Generaux des Finances, que pour toutes autres expeditions dependátes desdits Greffes de
mesmes droicts & émolumens dont
jouissent à present bien & deuément
les Greffiers & leurs Clercs anciens &
alternatifs cy deuant creez : pour raison desquels droicts & émolumens
les nouueaux acquereurs desdits Offices de Greffiers & Maistres Clercs
présentement creez, pourront rembourser les acquereurs & proprietaires des Greffes & Maistres Clercs anciens & alternatifs, des sommes qu'ils
iustifieront auoir financées en nos
coffres pour lesdits Greffes & Maistres Clercs, sans fraude ny deguise-
ment, dont la liquidation sera faite
par les Commissaires de nostredit
Conseil, que nous commettrons à
cét effet : ou bien seront tenus de leur
payer & rembourser la finance qui

fera iugée & liquidée par lefdits
Commiffaires pour l'indemnité defdits proprietaires defdits Greffes an-
cien & alternatif, au choix & option
des noueaux acquereurs defdits
Greffes & Maiftres Clercs triennaux:
A chacun defquels noueaux Greffiers & Maiftres Clercs, nous auons
octroyé & attribué mil liures de gages par chacun an, à prendre & en
eftre payez par les mains de nos Re-
-ceueurs & Payeurs defdits gages,
également par les quatre quartiers
de l'année; le fonds defquels gages
fera employé dans les Eftats des Finances comme les autres charges or-
-dinaires. SI DONNONS EN MAN-
DEMENT à nos amez & feaux Con-
feillers les gens de nos Comptes à
Paris, Prefidens Treforiers de France & Generaux des Finances defdites
Generalitez de Thoulouze & Be-

ziers, Intendans des Gabelles de
Languedoc, chacun endroit soy,
ils facent lire, publier & registrer
nostre present Edict, & le contenu
en iceluy faire inuiolablement gar-
der & obseruer, sans permettre qu'il
soit mis ny donné aucun empesche-
ment au contraire, nonobstant tous
Edicts, Declarations, Reglemens,
Ordonnances, Vsages & Lettres à ce
contraires; ausquelles nous auós dé-
rogé & dérogeons, & à la deroga-
toire des derogatoires y contenuës,
nonobstant oppositions ou appel-
lations quelsconques, pour lesquel-
les & sans preiudice d'icelles ne voulons estre differé; & dont si aucunes
interuiennent nous auons retenu &
reserué la cognoissance à nous & à
nostre Conseil d'Estat, & icelles in-
terdites & defenduës à toutes nos
Cours & Iuges: CAR tel est nostre

plaisir. Et afin que ce soit chose fer-
me & stable à tousiours, nous auons
fait mettre & apposer nostre seel à
cesdites presentes , sauf en nostre
chose nostre droict & l'autruy en
toutes. DONNE' à Paris au mois de
Ianuier l'an de grace mil six cens
vingt-neuf,& de nostre regne le dix-
neufiéme. Signé : LOVIS. Et plus
bas,Par le Roy, LE BEAVCLERC:
& à costé, visa: Et seellé du grand
Seau de cire verte en lacs de soye
rouge & verte. Et plus bas est encor
écrit:

*Leu, publié & regiftré en la Cham-
bre des Comptes, Oüy & ce confentant le
Procureur General du Roy, pour eftre le
contenu en iceluy gardé & obferué en ce
qui concerne la creation defdits Offices de
Receueurs & Payeurs des gages &
droicts des Officiers des Bureaux def-*

dites Generalitez, aux charges contenuës en l'Arreſt de ce faiſt, les Bureaux
aſſemblez, le dix-huiſtiéme Juin mil ſix
cens vingt-neuf.

Signé,　　　　　　GOBELIN.

LETTRES DE IVSSION,
*Portant mandement de verifier ſans
modification ledit Ediſt.*

LOVIS par la grace de Dieu
Roy de France & de Nauarre, A
nos amez & feaux Conſeillers les
Gens de nos Comptes à Paris, Salut.
Encores que par nos Lettres de Iuſ-
ſion du dixiéme iour de Nouembre
dernier, nous vous ayons aſſez fait
cognoiſtre noſtre intention ſur la
verification pure & ſimple de noſtre
Ediſt du mois de Ianuier dernier,
portant

portant creatiõ en tiltre d'Office, de
trois nos Conseillers Receueurs &
Payeurs des gages & droicts des Presidens & Tresoriers de France & Generaux de nos Finances en chacune
des Generalitez de Thoulouze & Beziers, & d'vn Greffier hereditaire
triennal, & place de Maistre Clerc
y iointe en chacun desdits Bureaux;
& le prejudice notable que les modifications que vous y auiez aupara-
uant faites, apportoiét à nos affaires;
vous auez neantmoins sans y auoir
égard, ordonné par vostre Arrest du
vingtiéme de ce mois, que celuy du
seiziéme d'Octobre dernier tien-
droit, sans nous donner satisfaction
en ce que nous auons desiré de vous
sur ce sujet, ny rendre aucune raison
de vostre refus. Et dautant qu'il im-
porte à nostre seruice en l'estat present de nos affaires, que le secours

que nous attendons de la vente de
tous lefdits Offices, ne foit dauantage retardé, Nous pour ces caufes
& autres à ce nous mouuantes, DE
L'ADVIS de noftre Confeil, où
voftre dit Arreft a efté veu & confideré, vous mandons & ordonnons
tres-expreffement par cefdites prefentes, pour ce fignées de noftre
main, qui vous feruiront de feconde
& tierce Iuffion & tout autre commandement que vous pourriez fur
ce attendre de nous, Que nonobftát
& fans vous arrefter & aux caufes &
motifs d'iceluy, vous ayez ainfi qu'il
vous eft ordonné par nofdites Lettres de Iuffion du dixiéme Nouembre dernier, à proceder, tous affaires
ceffans, à l'enregiftrement pur & fimple de noftredit Edict : & ce faifant
leuer & ofter les modifications portées par vofdits Arrefts des dix-huit-

tiéme de Iuin & seiziéme Octobre
derniers ; & nonobstant iceux & les
causes & motifs qui y ont donné
lieu , nous rendre l'entiere obeïs-
sance que nous attendons de vous
en cette occasion : Enjoignans à nostre Procureur General en nostre-
dite Chambre, de vous presenter ces
presentes & en poursuiure incessem-
ment l'effect : CAR tel est nostre
plaisir. DONNE à Paris le trentiéme
iour de Decembre l'an de grace mil
six cens vingt-neuf, & de nostre regne le vingtiéme. Signé, LOVIS:
Et plus bas, Par le Roy: DE LOME-
NIE: Et seellé du grand seau de cire
iaune sur simple queuë. Et à costé
est encor écrit:

Leuës, publiées & registrées en la Cham-
bre des Comptes, oüy le Procureur Ge-
neral du Roy, par le commandement de sa

Maiesté, porté par Monsieur le Comte de Soissons, Pair & Grand Maistre de France, assisté des Sieurs Mareschal de Bassompierre, de Roissy & de Bullion, Conseillers en son Conseil d'Estat, le dernier iour de Decembre mil six cens vingt-neuf.

Signé, BOVRLON.

Collationné aux Originaux par moy Conseiller Secretaire du Roy & de ses Finances.

www.ingramcontent.com/pod-product-compliance
Lightning Source LLC
LaVergne TN
LVHW010240060726
842519LV00014B/1352